Mary de Rachewiltz
SPÄTE KLAGE

Mary de Rachewiltz

Späte Klage

Gedichte

Englisch und Deutsch

Übersetzung und Nachwort
von Walter Baumann

EDITION
Noack
Block

Umschlagabbildung: Mary de Rachewiltz © Walter Baumann

Die Gedichte sind den Bänden *Whose World?*, Laurinburg, NC: Universitätsverlag, St. Andrews University 1998 und *For the Wrong Reason*, New York: Edgewise Press 2002 entnommen.

ISBN 978-3-86813-074-4

Herstellung durch Edition Noack & Block in der Frank & Timme GmbH, Wittelsbacherstraße 27a, 10707 Berlin.
Printed in Germany.
Gedruckt auf säurefreiem, alterungsbeständigem Papier.

www.noack-block.de

Mary de Rachewiltz

NOW FOR THE POET, HE NOTHING AFFIRMETH, AND THEREFORE NEVER LIETH (SIR PHILIP SIDNEY)

If spoken in soliloquy
my word is void and
hollow the poem? But if
I converse with angels
you do not see? Deny
their existence, I trust
you cannot—for the anagogic
is your theme & Dante
the Master. The difference
between myself and such
as Goethe I guess is he
can drum out poems on
a young girl's back
whereas if my man
turns his back on me
I turn my back and weep.

WAS NUN DEN DICTHER BETRIFFT, ER BESTÄTIGT NICHTS, UND SO LÜGT ER NIE (SIR PHILIP SIDNEY)

Wenn als Monolog gesprochen
ist mein Wort leer und
das Gedicht hohl? Doch wenn
ich mit Engeln spreche
die du nicht siehst? Leugnen
ihre Existenz, hoffe ich
kannst du nicht – da das Anagogische
dein Thema ist und Dante
der Lehrer. Der Unterschied
zwischen mir und solchen
wie Goethe ist wohl er
kann sein Gedicht trommeln auf
den Rücken eines jungen Mädchens
doch wenn mein Mann
mir den Rücken zukehrt
dreh ich mich um und weine.

BE OF WORDS A LITTLE BIT MORE CAREFUL

Be of words a little bit
more careful, if language
in place of love and country
is all you have –

build an interior syntax mansion
with many rooms and windows
and a widow's walk on high
ramparts to watch

the steamers going outward
carrying sheep to slaughter
old furniture for sale.

Burn your bridges, cut off ties
and base communications
with wily men of commerce

then open your door to the sunshine
bid snow and sleet be your guests
light fires within and be ready

for the bridegroom's knock.

SEI EIN BISSCHEN VORSICHTIGER

Sei ein bisschen vorsichtiger
mit Worten, wenn Sprache
statt Liebe und Land das
einzige ist, was du hast.

Bau dir ein Haus aus innerer Syntax,
mit vielen Zimmern und Fenstern
und einem Wehrgang für Witwen auf hohen
Mauern um die Dampfer

zu sehen wenn sie auslaufen
mit Schafen zur Schlachtbank
und alten Möbeln zum Verkauf.

Brich die Brücken hinter dir ab
und den Verkehr
mit schlauen Händlern

dann mach die Tür auf für den Sonnenschein
heiße Schnee und Graupen willkommen
zünd im Innern Feuer an und sei bereit

für das Klopfen des Bräutigams.

LET WORDS NOT BE DEAD

Let words not be dead
insects pinned on a white page
but as unruly
birds pecking at our entrails
so life's blood may spurt
and release unspeakably
full, informed, sounds.
We never say all we know,
truth lacking in words
not because we want to take
secrets to the grave,
but for failing to follow
each cause and effect
into our heart's Gordian knot.

A garden aglow
yet nobody is here to share
my ripe tomatoes.

LASS WORTE NICHT AUFGESPIESST SEIN

Lass Worte nicht aufgespießt sein
wie tote Insekten auf weißem Papier
sondern wie widerspenstige
Vögel, die an unseren Eingeweiden hacken
damit das Blut des Lebens herausschießt
und die unsagbar vollen, weisen
Töne frei erklingen
Nie sagen wir alles was wir wissen,
der Wahrheit fehlen die Worte
nicht weil wir die Geheimnisse ins
Grab mitnehmen wollen
sondern weil wir es unterlassen
jede Ursache und Wirkung zu verfolgen
bis zum gordischen Knoten im Herzen.

Ein leuchtender Garten
aber niemand ist da, mit mir
die reifen Tomaten zu genießen.

WORDS

Sun pinpoints the knots
in pine paneling
overhead as hard
as fingers pressing
keyboards, words rush down
streaming silver rays
of dust. My outstretched
hands catch no green brown
sound, sand runs thru my
fingers, no concept
no image is formed
though I feel the shape
the weight of the words
tallying with pine trees
that grow in Cyprus
where the nightingale
sings loud on the five-
finger mountain called
Pentadactilon.

WÖRTER

Die Sonne hebt die Äste
in der Holztäfelung
an der Decke so hart hervor
wie Finger auf der
Tastatur, Wörter stürzen herunter
fließende Silberstrahlen
aus Staub. Meine ausgestreckten
Hände erhaschen keinen grünbraunen
Ton, der Sand rieselt durch meine
Finger, kein Begriff
kein Bild bildet sich
obschon ich die Form und
das Gewicht der Wörter fühle
sich deckend mit Tannen
die in Zypern wachsen
wo die Nachtigall
laut singt auf dem Fünf-
fingerberg, geheißen
Pentadactilon.

TRAINS NO LONGER RUN ON TIME

Trains no longer run on time
no one is there to wait for you
on the deserted platform
at noon. The bag is heavy
heavier the heart and the feet
drag along the dusty road
though the incline isn't steep
and the yellow house in sight
that never was home.
It's the wavering that draws
the native laden with gifts
to a perfunctory welcome
in a room rich with comfort
minus religion and art.

DIE ZÜGE SIND NICHT MEHR PÜNKTLICH

Die Züge sind nicht mehr pünktlich
niemand ist da und wartet auf mich
auf dem verlassenen Bahnsteig
um Mittag. Das Gepäck ist schwer
das Herz ist schwerer und die Füße
schlurfen auf der staubigen Straße
obwohl die Steigung nicht groß ist
und das gelbe Haus in Sicht
das nie das Zuhause war,
Es ist das Wanken das den mit Geschenken
beladenen Einheimischen
zum flüchtigen Willkommen führt
in einem Zimmer mit allem Komfort
ohne Religion und Kunst.

LOIS

It was
on a stormy dark night
the chicken long asleep
in the coop along the wall
        by the fire and I perched
on top of them, quiet
with my plate of soup,
when the door blew open,
Holy *Jehssus Maria!*

A *Kornarin* with a bundle
holding a frozen child.

An unwanted babe three months old
had been thrown on a haystack
by a drunken father—the story goes.

Uncalled for you came and left
A big black emptiness none
can fill the silence of your grin.
Your joy was a green felt hat
and the hobby-horse that galloped
with ecstasy when you were six,
unless we count the taste of chocolate
easter eggs arrived by mail
                when you were three.
That very autumn my childish mother-
love for you caused tears in Venice.
                Again an empty house
in Venice. I listen to the evening bells.

LOIS

Es war
in einer dunklen stürmischen Nacht
die Hühner schliefen schon lange
in der Hennensteige an der Wand
beim Herd und ich hockte
über ihnen, still
mit meinem Teller Suppe,
als die Tür aufgerissen wurde,
Jesses Maria!

Eine *Kornarin* mit einem Bündel
mit einem gefrorenen Kind

Ein ungewolltes dreimonatiges Baby
hatte der betrunkene Vater
auf einen Heuboden geworfen – sagt sie.

Ungerufen kamst du und ließest
eine große schwarze Lücke zurück, niemand
kann dein stilles Schmunzeln ersetzen.
Was dir Freude machte, war ein grüner Filzhut
und das Schaukelpferd, auf dem du ekstatisch
galoppiertest, als du sechs warst,
es sei denn wir zählen dazu auch deine Vorliebe für
Schoko-Ostereier, die mit der Post kamen
als du drei warst.
Gerade in jenem Herbst kam es wegen meiner
kindlichen Mutterliebe in Venedig zu Tränen.
Wieder ein leeres Haus
in Venedig. Ich höre die Abendglocken.

You are supposed to arrive at the station
                    and find the house.

Wishful thinking never brought you here
though the kind man knew
                    I wanted to show you
the marvel of boats and water.
But you never stepped beyond the furrow
and never saw the green sea.
                    Suddenly
you fell. A grass blade to the scythe
of a mower stronger than you
though your proud overstatement was
I have always been
                    the strongest mower.

Those who knew you well said:
you felled too many trees.
The wood was dead, you'd shrug and split
and saw away, buzz buzz buzz.
                    Bees swarm
                    to the flowering hibiscus
                    gathering pollen
                    to garner your caring.

Du solltest am Bahnhof ankommen
und das Haus finden.

Mein Wunschdenken brachte dich nie hierher
obgleich der gute Mann verstand dass
ich dir das Wunder
der Schiffe und des Wassers zeigen wollte.
Aber du bist nie von der Scholle weg
und hast nie das grüne Meer gesehen
Plötzlich
bist du gefallen, ein Grashalm für die Sense
eines Mähers stärker als du
auch wenn deine stolze Übertreibung war:
Ich bin immer
der stärkste Mäher gewesen.

Wer dich gut gekannt hat, sagte
du habest zu viele Bäume gefällt.
Das Holz sei morsch, sagtest du achselzuckend und
hast weiter gehackt und gesägt wusch wusch.
Die Bienen schwärmen
zum blühenden Hibiskus
und sammeln Pollen
als Lohn für deine Mühe.

MOIDL

A woman, thirtyish, which is a lot
for a farmhand in high mountains
where life begins at 5 a.m., aged 5,
to 5 p.m. and 9 through summer solstice
(people die bent and gnarled) attending
into their sixties the "silver mass"
at 4 a.m. during Advent—say this woman
thirtyish at her father's death inherits
a share in her older brother's and there
are four of them, small farm, has a choice
to be the spinster aunt to seven, she shares
her bed with two already. As sister-
-in-law she needs no longer work as hard
as a hand, but for pin-money must ask
the penny-pinching, need not greed, big
brother farmer who says: a pig is a feast
and lasts a whole year, in chunks cut into dumplings,
a sheep is a must, one per head, will keep us
in socks and vests, our wealth is the flock
if you spin and dye for the weaver,
                                        our riches
lie in grain and hemp, the cash goes to the state.

MOIDL

Eine Frau, um die dreißig, was viel ist
für eine Magd in hohen Bergen
wo das Leben um 5 Uhr morgens, mit fünf Jahren, beginnt
bis abends 5 Uhr und 9 um die Sonnenwende
(die Leute sterben gekrümmt und verkrüppelt) gehen
bis über sechzig in die „Silbermesse“
im Advent um 4 in der Früh – angenommen diese Frau
um dreißig herum erbt beim Tod des Vaters
einen Anteil von dem des älteren Bruders und sie
sind zu viert, ein kleiner Hof, hat die Wahl,
die ledige Tante für die Sieben zu sein, sie teilt
ihr Bett schon mit zwei andern. Als Schwägerin
braucht sie nicht mehr so hart zu arbeiten
wie ein Knecht, aber fürs Taschengeld muss sie
den knauserigen, aus Not nicht Geiz, großen Bruder
den Bauern, bitten der sagt: ein Schwein ist ein Festmahl
und reicht ein ganzes Jahr in Klumpen für Knödel,
ein Schaf ist ein Muss, eines pro Kopf, gibt uns
Socken und Leibchen, unser Reichtum ist die Herde
wenn man die Wolle spinnt und färbt für den Weber,
unser Reichtum
liegt im Korn und dem Hanf, das Geld geht an den Staat.

THE BODY OF SOUND

If you live a lie long
enough, it will bear fruit
and become your own life,
you'll trail along the way
a cross to be nailed on
or a hidden love life
will grow into timber
for the tree to hang from
or the beam holding up
the roof over your lie.
In the end it matters
not much, if you have taught
your body to resound
forgiveness and to transcend.

DIE GESTALT DES TONS

Lebst du eine Lüge lang
genug, trägt sie Früchte
und wird zu deinem Leben,
du schleppst unterwegs
ein Kreuz woran du genagelt wirst
oder ein verborgenes Liebesleben
wächst und verholzt
zum Baum woran du gehängt wirst
oder zum stützenden Balken
des Dachs über deiner Lüge.
Am Ende macht es
nicht viel aus, ob du es geschafft hast
deinen Körper schreien zu lassen
nach Vergebung und Weiterem.

IN MEMORIAM

They stand, the tall ghosts
in the doorway to welcome
the Puer Aeternus speaking
Italian. His brown monarch eyes
flutter like wings
on rhododendron and edelweiss,
between his lips the olive twig
as in dove's beak over the flood.

The tallest ghost has power
of distribution, on the lapel
He pins an eucalyptus pip:
"that is for memory,"
then takes a seat near Isis
nursing Horus on her knees.

IN MEMORIAM

Da stehen sie, die hohen Geister,
bei der Tür, den
Puer Aeternus zu begrüßen,
auf Italienisch. Seine braunen monarchischen
Augen flattern wie Schmetterlinge
auf Alpenrosen und Edelweiß,
den Ölzweig zwischen den Lippen,
wie die Taube nach der Flut.

Der höchste Geist ist befugt,
Orden zu vergeben, ans Revers heftet er
eine Eukalyptuskapsel
„zum Andenken“,
dann setzt er sich zu Isis,
die auf ihrem Schoß den Horus stillt.

A TRUMPET BLOWS EMPTINESS

Three chairs above
three chairs below
two mini-thrones
chipped at the corners
say love was hurt
and can't be repaired.
From triple emptiness
Merlin fled
to the shadows beyond
where ideas of *virtu*
science and poetry shine.
Here the compass needle
moves not, the hazelnut
rod has no pull.

EINE TROMPETE BLÄST INS LEERE

Drei Stühle oben
drei Stühle unten
zwei Mini-Throne
an den Ecken verstoßen
sagen die Liebe sei verletzt
und könne nicht repariert werden.
Aus dreifacher Leere
floh Merlin
zu den Schatten im Jenseits
wo die Ideen der *virtu*
der Wissenschaft und Dichtung leuchten.
Hier bewegt sich die Kompassnadel
nicht, die Haselnuss-
Rute zieht nichts an.

TENTS AND TABERNACLES

The old man knew how to pitch
a pup tent on concrete and
told his courtesan: "paint me
out of here," shadow fencing
inside spiky iron bars.

Here a woman without rest
or room inside high granite
walls is given an unfurled
tent that will sleep comfortably
two—intended for Scottish
moors—by a friend passing through.
Both lack the will to write each
other out of their insane
surroundings. She knows healing
comes like a pride of lions
if one can but say: Master
it's good for us to be here
let's build three tabernacles
one for Thee one for Moses
and one for Elijah.

ZELTE UND HÜTTEN

Der alte Mann wusste wie man
auf Beton ein Zelt aufschlägt und
sagte seiner Liebsten: „Male mich
hier heraus“, und schattenfocht
umzingelt von stachligen Stäben.

Hier bekommt eine Frau ohne Ruhe
oder Obdach zwischen hohen Granit-
wänden ein ausgebreitetes
Zelt zum bequemen Schlafen
für zwei – bestimmt für die schottischen
Hochmoore – von einem vorbeikommenden Freund.
Beiden fehlt der Wille dem andern zu schreiben
wegen ihrer irrsinnigen
Umgebung. Sie weiß dass die Genesung
wie ein Rudel von Löwen kommt
wenn nur eines zu sagen vermag: Meister
es ist gut für uns hier zu sein
lass uns drei Hütten bauen
eine für Dich eine für Mose
und eine für Elias.

A CHARTER OAK POEM

Love is a sunny substance
Flesh cannot endure its ray.

Nowhere will the twice burnt find
a tree to shelter the charred

Self if her very oak
has been struck down by lightning

to be firewood and a voice
shouts in the wilderness:

come all who are suffering
the cold, take and carry away

of my twenty cords to your
homesteads a bundle.

EIN EICHENGEDICHT

Die Liebe ist eine sonnenhafte Materie
das Fleisch hält ihre Strahlen nicht aus.

Die Zweimalgebrannten finden nirgends
einen Baum als Zuflucht für das verkohlte

Selbst wenn die ganz eigene Eiche
schon vom Blitz getroffen

und Brennholz geworden ist und eine Stimme
aus der Wildnis ruft:

Kommt alle die ihr unter
der Kälte leidet, nehmt

von meinen zwanzig Klaftern
ein Bündel mit nach Hause.

YOU AND I

You and I, the most sedentary
mountain people I believe
have been swimming
in the warm Indian Ocean
in the cold high waves
off the coast of Ghana
in the clear blue Lake
Garda and with cormorants
and swans under Ben Bulben.
We have walked against
the blistering wind along
the cloggy sands of the Atlantic,
flown as far as Cyprus,
hand in hand we swam around
the white shell-shaped rock
that brought Aphrodite
ashore at Paphos.

Two sedentary mountain people
grown old on opposite shores
as clinging algae, adrift.

DU UND ICH

Du und ich, die sesshaftesten
Bergbewohner wie ich meine
sind geschwommen
im warmen Indischen Ozean
in den kalten hohen Wellen
vor der Küste von Ghana
im klaren Blau des Garda-
sees und mit Kormoranen
und Schwänen unter Ben Bulben.
Wir sind gelaufen gegen
den beißenden Wind entlang
dem klumpigen Sand des Atlantiks,
sind geflogen bis nach Zypern,
händehaltend schwammen wir um
den muschelförmigen Fels
der Aphrodite brachte
ans Gestade in Paphos.

Zwei sesshafte Bergbewohner
alt geworden an entgegengesetzten Ufern
als festsitzende Algen, herumirrend.

BEFORE SLEEP BLESSES MY TIRED EYES

Before sleep blesses my tired eyes
and groggy brain, I take refuge in books.
Last night an intruding creature
came fluttering over my head
and I mistook it for a moth,
brushed it aside and gave it
neither room nor attention.
This morning fresh from a long dream
a velvety brown butterfly
lay gasping on the white pillow beside me.
The eyes of Mr. Death—it must have been Him—
gliding down the steel banister
of the Library granite banister
my dream. I shook Him gingerly
and blew Him into the blue.

VOR DEM SCHLAF

Bevor der Schlaf meine müden Augen und mein
benommenes Hirn segnet, nehme ich Zuflucht zu Büchern.
Gestern Nacht kam ein Eindringling
geflattert über meinem Kopf
und ich meinte es sei eine Motte
wischte sie beiseite und gab ihr
weder Platz noch Aufmerksamkeit.
Heute Morgen eben aus einem langen Traum
sah ich wie ein samtener Schmetterling
auf dem weißen Kissen neben mir nach Luft rang.
Die Augen von Meister Tod – Er muss es gewesen sein –
Er rutschte das stählerne Treppengeländer der
Granittreppe der Bibliothek herab und machte
meinem Traum einen Besuch. Ich schüttelte Ihn sachte
und blies Ihn ins Blaue.

HOMESPUN FOR COUSIN MARY

A tall girl left the *real* Vancouver in
Washington and found a four-clover
in an enclosed castle garden
where she felt equally at home
though wandering why—a *nostos*?

Now from time to time an entire family
comes visiting from the coast of Maine
and tells of how a grandfather cut all ties
forgetting his native Tyrolean language
while various children have passed on
their knitted cardigans.
                                        The tall girl
is a white haired lady who stays
Sappho among grey rock-doves
in the sacred grove a magnet
drawing blood streams from the Pleiades
while poems shuttle in her hands
and weave of skies and water
across the two continents a periplum
                                        skirting Nantucket.

HAUSGEMACHTES FÜR MEINE KUSINE MARY

Ein großes Mädel verließ das *reale* Vancouver in
Washington und fand ein vierblättriges Kleeblatt
in einem ummauerten Schlossgarten
wo sie sich ebenso zu Hause fühlte
doch warum – ein *Nostos*?

Von Zeit zu Zeit kommt jetzt eine ganze Familie
kommt auf Besuch von der Küste in Maine
und erzählt wie ein Großvater allen Kontakt abbrach
und die heimische Sprache des Tirols vergaß
während mehrere Kinder ihre gestrickten
Jacken weitergaben.
                                        Das große Mädel
ist eine weißhaarige Dame die bleibt
eine Sappho unter grauen Felsentauben
im heiligen Hain ein Magnet
der aus den Plejaden Blutströme zieht
während in ihren Händen Gedichte hin und her gehen
und aus Himmel und Wasser ein Periplum
über beide Kontinente gewoben wird
                                        an Nantucket vorbei.

COUSIN MARY FAR REMOVED

Cousin Mary far removed
news reaches me you've stopped
breathing and I wonder how
in 1934
your heart thumped
on reading "I shall adore you
all the rest of your life" provided—
you follow your Master
at a distance climbing
many a hill before you reached
Mount Helicon.
                                        Now you walk
tall and slender through the evergreen
fence at the back of a flat meadow
filled with flowers in every season
your woodsman father planted
for his busy girl
and the tall ethereal Poet.

MARY MEINE WEIT ENTFERNTE KUSINE

Mary weit entfernte Kusine
ich höre du habest aufgehört
zu atmen und ich wundere mich wie
1934
dein Herz geschlagen hat
beim Lesen von „Ich werde dich verehren
dein ganzes Leben lang“ wenn du –
deinem Lehrer folgst
und ihm mit Abstand nachsteigst
auf viele Berge bevor du stehst auf
Mount Helikon.
                                        Jetzt gehst du
aufrecht und schlank durch die immergrüne
Hecke am Rand einer flachen Wiese
mit Blumen zu jeder Jahreszeit
die dein Holzhändler Vater gepflanzt hat
für sein kleines geschäftige Mädchen
und den großen himmlischen Dichter.

LATE LAMENT

I miss you more than thoughts
                                        can stretch
and call to you and call
well knowing you are no more
the one who was so dear
                                        to me
and I to you
that night's desire bridge
                                        two worlds
as magnets drawn to touch mid-air.
From stars you smiled,
your eyes were there, and in the wind
                                        your body.
If tempest raged
                                        with flailing hail
I cried for more
and more well knowing the sun
would shine and dry
                                        my body.
Far and near we stood as one
unbreakable wand—so it seemed
until cheap alloy showed for wear.
Yet I miss you still more
and all the more I call
                                        into dead air:
Should an infidel ever lie
between unproblematic thighs
oh, White Sister come, stab my eyes
and on your wings carry me in-
to his dream. If love lures not

SPÄTE KLAGE

Du fehlst mir mehr als meine Gedanken
fassen können
und ich rufe nach dir und rufe
wohlwissend dass du nicht mehr
der bist der mir so
lieb war
und ich dir
das nächtliche Verlangen verbindet
zwei Welten
wie Magnete sich anziehen in der Luft.
Du hast aus den Sternen gelächelt,
deine Augen waren dort, und im Wind
dein Körper.
Wenn Stürme rasten
mit Hagelschlag
schrie ich nach mehr
und mehr, wohlwissend dass die Sonne
scheinen und mich
trocknen wird.
Fern und nah standen wir wie ein
unzerbrechlicher Stab – so schien es
bis billige Legierung abgenutzt war.
Doch du fehlst mir immer mehr
und umso mehr rufe ich
in die tote Luft.
Sollte ein Ungläubiger je zu liegen kommen
zwischen problemlose Schenkel
oh, Weiße Schwester, komm, steche mir die Augen aus
und trage mich auf deinen Flügeln zu
seinem Traum. Wenn Liebe

our lives
unto death we are but lonely
phantoms lost.

II

Autumn love, you were born right
in copper forest greening
the buff rose and through flesh
sun-shot your way to clearing-
chambers of the heart whence
a subtle substance rose
to etch our crux in the mind.

Ahi, the scratching pain and pull
inside my eyes lest you escape.
Tear-stars swallowed slowly turn
hard, a pearl's candor nests
In the womb.

The man is gone
uncomprehending
stays the child.
Unaided Undine
went through hell
to be woman
reborn.

unser Leben nicht
bis in den Tod verlockt, sind wir nur einsame
verlorene Phantome.

II

Herbstliche Liebe, du bist geboren mitten
im kupfernen Wald, mit dem Grün
der gelbbraunen Rose, und durch das Fleisch
bahnte die Sonne ihren Weg zur Sammel-
stelle im Herzen woraus
eine feine Substanz floss
um unserem Gehirn das Rätsel einzuprägen.

Ach, der stechende Schmerz und der Druck
in meinen Augen, es sei denn du gehst.
Langsam verschluckte Tränensterne werden
hart. Die Lauterkeit einer Perle nistet sich ein
im Schoß.

Der Mann ist fort
verständnislos
bleibt das Kind.
Hilflos ging Undine
durch die Hölle
und wurde neugeboren
als Frau.

III

Man, beloved and eternal, may the glory
of our sunny days not go to waste
the autumn long—come,
cut tendrils smothering an aging
body into rot, let harsh and hard
truths strip us to the core

thrash all vanity to chaff,
lest we be empty pods
and any wind's toy and whip.

Beloved, bleached and dry,
may our bones' friction set
the darkest night aflame
and the cleaving in secret
bring the white light.
Requiescat.

III

Mann, geliebter und ewiglich, es soll die Herrlichkeit
unserer besonnten Tage im Herbst
nicht untergehn – komm,
entferne das Rankengewächs, das einen alternden Körper
erstickt, lass die raue und harte Wahrheit
uns bis ins Innerste entblößen

und alle Eitelkeit ablegen,
dass wir nicht leere Hülsen werden,
aller Winde Spiel und der Peitsche.

Geliebter, gebleicht und getrocknet,
möge die Reibung unserer Knochen
die dunkelste Nacht aufflammen lassen
und das geheime Zusammensein uns
ins weiße Licht bringen.
Requiescat.

LOVE, LOST IN THE FOG OF AGE

Love, lost in the fog of age,
long dreams and separation
truly two ships in the night—
now even Yuletide brings
but few tinsel glitterings.

Love, anchored side by side,
how proud they were at mid-
night, a string of stars entwined
sea and sky in their embrace
to announce the child.

Love, fragile is the word
you used to keep her at bay,
now your skiff no love storm holds,
each must sink alone.

LIEBE, VERLOREN IM NEBEL DES ALTERS

Liebe, verschollen im Nebel des Alters,
lange Träume und Abschiede
wirklich zwei Schiffe bei Nacht –
jetzt bringt sogar die Weihnachtszeit
nur wenig Glitter und Glanz.

Liebe, beidseitig verankert,
wie stolz waren sie um Mitter-
nacht, eine verschlungene Sternenkette
Meer und Himmel in ihrer Umarmung
beim Sprechen vom Kind.

Liebe, ein zerbrechliches Wort
Früher konntest du sie in Schach halten
jetzt hält dein Boot keinen Liebessturm mehr aus,
jedes muss allein untergehen.

NOW YOU HAVE MOVED

Now you have moved into a painted picture
on the wall you have removed yourself
even from that faint trembling of my knees
into a world another man follows your mind
heart moving who once raked leaves
on his own hill of deep Connecticut foliage.
A car races toward your
                              meadow.
The logs in the fire are
                              young birches
grown in clumps.
          Here a bunch of tree women
ancient and aging without hope
of ever returning to foliage and meadow
under blue ridges sink into the bedding
of augean stables without a Hercules.

JETZT BIST DU IN EIN GEMALTES BILD GESCHLÜPFT

Jetzt bist du in ein gemaltes Bild geschlüpft
an der Wand hast du dich entfernt
selbst von jenem leichten Zittern meiner Knie
in eine Welt wo ein anderer Mann deinem Willen folgt
Herzbeweger der einst die Blätter zusammenrechte
auf seinem Hügel mit tiefem Connecticut Laub.
ein Auto rast gegen deine
                                        Wiese.
Das Holz im Kamin ist von
                                        jungen Birken
dicht im Rudel aufgewachsen
                        Hier ist ein Rudel von Baumfrauen
alt und alternd ohne Hoffnung
je als Laub und Wiese wieder zu kommen
unter blauen Kanten sinken sie in die Streu
von Augias-Ställen ohne einen Herkules.

I WAS THERE

I was there?
In old age
it matters not
if you were in company
of love or alone,
it's moss and sea
you smell in
endless landscapes
the swish of a tree
moving in moonshine
you'll carry within
for that last
"busy day."

ICH WAR DA

Ich war da?
Im Alter
spielt es keine Rolle
ob du im Kreis
der Liebe bist oder allein,
es ist das Moos oder das Meer
das du riechst in
endlosen Landschaften
das Rauschen eines Baums
bewegt im Mondschein
trägst du innerlich
für jenen letzten
„bewegten Tag“.

THERE

a white lady lay dying
Madonna in ivory—now
dead—without remission
of style and without curtains
at the window to hide
the passing clouds
                                        I gape through
sparkling panes at the empty
moveable aluminium
so obsolete a bed with many
manifold levers and springs.

DORT

eine weiße Dame lag im Sterben
Madonna aus Elfenbein – jetzt
tot – ohne Veränderung
des Stils und ohne Vorhänge
am Fenster um die dahinziehenden
Wolken zu verbergen.
Ich gaffe durch
die funkelnden Scheiben auf das leere
nicht bewegliche Aluminium des
so veralteten Betts mit vielen
mannigfaltigen Hebeln und Federn.

HERE

an old woman better die
alone in her double bed
she needs more space to breathe
than men allow—all lovers
leave—by noon it's demon's hour
and sunset is my dawn.

I wonder where the sick
get the word "patient" from
since we all wait for death
so very impatiently.

HIER

Es ist für eine alte Frau besser
allein zu sterben in ihrem Doppelbett
sie braucht mehr Platz zum Atmen
als Männer erlauben – alle Liebhaber
gehen – am Mittag kommt die Geisterstunde
und beim Sonnenuntergang die Morgenröte.

Ich frage mich wo die Kranken
das Wort „Patient“ hernehmen
da wir doch alle den Tod
ohne „Patience“ erwarten.

WHEN I HAVE WALLOWED IN PAIN

When I have wallowed in pain
a little bit
            too much
I go to call
            on St. Peter
and say: should those three gentlemen
(with a grimace) be waiting for me
at your gate when I come
and you, blinded by the beauty
of my soul, let them slip in—
                                    God forbid!
            I'll turn
      and stare at them
right into hell.

WÄLZE ICH MICH IM SCHMERZ

Wälze ich mich im Schmerz
ein wenig
zu lange
suche ich
Sankt Peter auf
und sage: falls jene drei Herren
(mit Grimassen) auf mich warten
an deinem Tor wenn ich komme
und du geblendet durch die Schönheit
meiner Seele, sie hereinschlüpfen ließest –
Gott bewahre!
Ich würde mich umdrehen
und schickte sie
gleich in die Hölle.

THE AAR

My eyes hold many landscapes,
the heart but one, traversed
by the singing river Aar.

Its water springs from glaciers
topping the wide green valley,
my Pusterthal.
                                        A child's feet
freezing in the wild current
thawed to the knowledge that
wisdom rises through bare feet,
treading water, treading sand,
treading turf in April,
ankle-high fresh grass in May,
prickly stubble in September,
dry leaves in November, while
walking on clods of black earth
behind the plough opening
the furrow for new plantings,
feeling and smelling the snow
squeak under thick leather soles.

To many landscapes I have
added a grassy flavour,
mingling salt water, seaweed
and shells on distant shores,
laying on smooth sunny rocks
or on rolling grey shingle,
I can ever hear the sharp song
                                        of the Aar.

MEINE AAR

In meinen Augen sind viele Gegenden,
im Herzen aber nur eine, dort
wo hindurchfließt die singende Aar.

Ihr Wasser kommt von den Gletschern,
von ganz oben im weiten grünen Land,
meinem Pusterthal.

Kinderfüße
haben gefroren im wilden Fluss,
sie aber tauten auf, denn weise
wird, wer barfuß geht,
sie stampften im Wasser,
sie stampften im Sand,
sie stampften auf Humus im April,
im knöchelhohen Gras im Mai,
auf kitzligen Stoppeln im September,
auf trockenem Laub im November,
auf schwarzen Schollen hinter dem Pflug,
der die Furchen auftat für die neue Saat.
Ich spürte und roch den Schnee.
Er gierte unter den dicken Ledersohlen.

Mancher Gegend habe ich
den Geruch von Gras gegeben,
vermischt mit Salzwasser,
mit Algen und Muscheln.
Ich bin an der Sonne gelegen
auf glattem Fels oder losem Geröll.
Doch immer hört ich das Lied
meiner Aar.

Die Aar

Nachwort von Walter Baumann

Die am 9. Juli 1925 in Brixen (italienisch Bressanone) geborene Mary de Rachewiltz hat schon 1971 ihre Autobiografie unter dem Titel *Discretions* veröffentlicht. Es handelt sich dabei um eine packende Schilderung ihrer Kindheit in der Obhut von Jakob und Johanna Marcher in Gais, einem Bauerndorf im Südtiroler Pustertal, wo sie wie die anderen Kinder im Dorf am bäuerlichen Leben teilnahm. Der allmähliche Übergang zur kulturellen Welt ihrer Eltern war für sie alles andere als einfach. Wie das Gedicht „Lois" zeigt, kam es sogar zu Krisen zwischen Venedig und Gais.

Sehr schwer war für Mary der Umzug von Gais in die von Nonnen geführte Mädchenschule „La Quiete" in Florenz. In ihrer Autobiografie erzählt sie ausführlich von ihren Tätigkeiten während der Kriegsjahre, zum Beispiel als Schreibkraft im Bürgermeisteramt und in einem Lazarett in den Dolomiten. Die Zeit von Ezra Pounds Verhaftung im Mai 1945 und seiner Überführung nach Washington im November 1945 bis zu seiner Rückkehr nach Italien und zu seiner Ankunft auf der Brunnenburg im Juli 1958 ist in Büchern und Zeitschriften immer wieder behandelt worden, aber nie so einfühlsam und gerecht wie in Marys *Diskretionen*.

Marys erste Sprache ist der deutsche Dialekt des Pustertals, den sie auch heute noch pflegt. Bald wurde das Hochdeutsche in den Schulen auf Anordnung vom Italienischen verdrängt. Englisch hat sie während ihrer Aufenthalte bei den Eltern in Venedig gelernt, wo ihr die englischen Klassiker vorgelesen wurden. Ihr Vater gab ihr auf, einen Roman von Thomas Hardy ins Italienische zu übersetzen, sozusagen als Vorbereitung zum Übersetzen der *Cantos*. Die

Kritik des Vaters an Marys ersten Übersetzungsversuchen war allerdings gnadenlos.

1985 erschien ihre zweisprachige Ausgabe aller *Cantos* bei Mondadori in Mailand. Ihre enge Freundschaft mit Pounds deutscher Übersetzerin, Eva Hesse, war für sie von entscheidender Bedeutung. Sie teilte ihre totale Versenkung in Pounds Welt. Wie Eva Hesse hat auch Mary de Rachewiltz andere amerikanische Dichter übersetzt: E. E. Cummings, Hilda Doolittle, Ronald Duncan, Robinson Jeffers, James Laughlin und Denise Levertov.

Niemand hat mehr zur Bewahrung von Ezra Pounds Erbe beigetragen als Mary de Rachewiltz, zunächst als Kuratorin der Pound-Sammlung an der Yale Universität, dann in Gastvorträgen an Universitäten in Amerika und Japan. Zwei amerikanische Universitäten, Idaho und St. Andrews, haben ihr die Ehrendoktorwürde verliehen. Bei der internationalen Ezra Pound Konferenz ist sie Stammgast. Dreimal hat sie die Tagung auf der Brunnenburg, ihrem Wohnsitz in Südtirol, als Gastgeberin ausgerichtet und in diesem Rahmen am 9. Juli 2015 auch ihren 90. Geburtstag gefeiert.

Am Ende von *Whose World?* (1998) schreibt sie über ihre eigene Lyrik, dass die in diesem Band abgedruckten Verse aus einem fast vierzigjährigen Bündel stammen, in dem sie ihren „mood swings", ihrem Zorn, ihrer Verzweiflung, ihrer Machtlosigkeit, ihrem Exorzismus, ihrer Zuneigung, Sehnsucht und Liebe Ausdruck verliehen habe, dies aber nur auf English habe tun können. Es ist also eine sehr persönliche Lyrik, vor allem das Gedicht „Späte Klage", das für diese Auswahl titelgebend ist. Das mit „Lois" überschriebene Gedicht ist ein Nachruf auf Alois Stricker (1933–1992), Marys acht Jahre jüngeren Ziehbruder, der auf der Brunnenburg Kustos war und an dessen Grab in Dorf Tirol sie regelmäßig Blumen bringt.

In *Hausgemachtes für meine Kusine Mary* und *Mary, meine entfernte Kusine* spricht sie zu ihrer Freundin und ihres Vaters Dichterschülerin Mary Barnard (1909–2001), deren Gedichte ebenfalls bei der Edition Noack & Block erschienen sind. Ezra Pound selbst scheint in *In Memoriam* als „Puer Aeternus" vorzukommen, dem eine Eukalytus-Kapsel als Orden ans Revers geheftet wird. Eine solche Kapsel ergriff Pound, als er 1945 von Partisanen abgeführt wurde, wie er es in den *Pisaner Gesängen* festgehalten hat.

Wie bewusst sich Mary de Rachewiltz ist, dass die Worte fehlen, um alles zu sagen, sehen wir in *Lass Worte nicht aufgespießt sein*:

> Nie sagen wir alles was wir wissen,
> der Wahrheit fehlen die Worte
> nicht weil wir die Geheimnisse ins
> Grab mitnehmen wollen
> sondern weil wir es unterlassen
> jede Ursache und Wirkung zu verfolgen
> bis zum gordischen Knoten im Herzen.

Die Autorin

Mary de Rachewiltz ist vor allem durch die Übersetzung des Jahrhundert-Epos ihres Vaters, Ezra Pounds *Cantos*, ins Italienische bekannt geworden. Mit Ihrer eigenen Lyrik ist sie aber längst aus dem Schatten Ihres Vaters getreten. Sie schreibt auf Englisch und Italienisch.
Im Band *Späte Klage* erscheinen ihre Gedichte zum ersten Mal in deutscher Übersetzung. Diese Gedichte sind sehr persönlich und spiegeln ihre Gefühle und Gedanken. Auf Englisch würde man wohl von „Confessional Poetry“ sprechen. In ihre Klagen über den Verlust der Liebe und über das Altern mischt sich jedoch auch ein gutes Maß an Ironie.

Anhang

Die Brunnenburg bei Dorf Tirol

Mary de Rachewiltz und Patrizia im Sommer 2009

Grabstein von Alois Stricker in Dorf Tirol

Mary de Rachewiltz an Ihrem 90. Geburtstag 2015

Mary de Rachewiltz und Walter Baumann

Inhalt

NOW FOR THE POET, HE NOTHING AFFIRMETH, AND THEREFORE NEVER LIETH (SIR PHILIP SIDNEY)...... 6

WAS NUN DEN DICTHER BETRIFFT, ER BESTÄTIGT NICHTS, UND SO LÜGT ER NIE (SIR PHILIP SIDNEY)....... 7

BE OF WORDS A LITTLE BIT MORE CAREFUL................ 8

SEI EIN BISSCHEN VORSICHTIGER................................ 9

LET WORDS NOT BE DEAD.. 10

LASS WORTE NICHT AUFGESPIESST SEIN 11

WORDS 12

WÖRTER.. 13

TRAINS NO LONGER RUN ON TIME 14

DIE ZÜGE SIND NICHT MEHR PÜNKTLICH.................. 15

LOIS.. 16

LOIS.. 17

MOIDL... 20

MOIDL... 21

THE BODY OF SOUND 22

DIE GESTALT DES TONS 23

IN MEMORIAM 24

IN MEMORIAM 25

A TRUMPET BLOWS EMPTINESS 26
EINE TROMPETE BLÄST INS LEERE 27
TENTS AND TABERNACLES 28
ZELTE UND HÜTTEN 29
A CHARTER OAK POEM 30
EIN EICHENGEDICHT 31
YOU AND I 32
DU UND ICH 33
BEFORE SLEEP BLESSES MY TIRED EYES 34
VOR DEM SCHLAF 35
HOMESPUN FOR COUSIN MARY 36
HAUSGEMACHTES FÜR MEINE KUSINE MARY 37
COUSIN MARY FAR REMOVED 38
MARY MEINE WEIT ENTFERNTE KUSINE 39
LATE LAMENT 40
SPÄTE KLAGE 41
LOVE, LOST IN THE FOG OF AGE 46
LIEBE, VERLOREN IM NEBEL DES ALTERS 47
NOW YOU HAVE MOVED 48
JETZT BIST DU IN EIN GEMALTES BILD GESCHLÜPFT ... 49

I WAS THERE 50
ICH WAR DA 51
THERE 52
DORT 53
HERE 54
HIER 55
WHEN I HAVE WALLOWED IN PAIN 56
WÄLZE ICH MICH IM SCHMERZ 57
THE AAR 58
MEINE AAR 59

Nachwort von Walter Baumann 61
Anhang 65

FSC
www.fsc.org
MIX
Papier | Fördert gute Waldnutzung
FSC® C083411

Zeitfracht Medien GmbH
Ferdinand-Jühlke-Straße 7
99095 Erfurt, Deutschland
produktsicherheit@kolibri360.de

Druck:
CPI Druckdienstleistungen GmbH
im Auftrag der
Zeitfracht Medien GmbH
Ein Unternehmen der Zeitfracht - Gruppe
Ferdinand-Jühlke-Str. 7
99095 Erfurt